Sacrés sacrements !

Vianney Roche-Bruyn

Sacrés sacrements !

Quotidien en vers de notre pauvreté

© 2023, Vianney Roche-Bruyn

Édition : BoD · Books on Demand, 31 avenue Saint-Rémy, 57600 Forbach, bod@bod.fr

Impression : Libri Plureos GmbH, Friedensallee 273, 22763 Hamburg (Allemagne)

ISBN : 978-2-3222-6750-7

Dépôt légal : Janvier 2024

En l'honneur du Tout-Puissant,
Dieu qui combla ma vie.

PROLOGUE _____ *9*

   De l'Église _____ 9

HYMNES _____ *15*

   À la Sainte Trinité _____ 15

   À celle qui nous conduit sur le chemin _____ 16

   Au chaste époux de la Reine des Cieux _____ 18

CHANT I BAPTÊME _____ *21*

   i _____ 21

   ii _____ 24

   iii _____ 27

CHANT II EUCHARISTIE _____ *31*

   i _____ 31

   ii _____ 33

   iii _____ 35

CHANT III CONFIRMATION _____ *39*

   i _____ 39

   ii _____ 42

   iii _____ 45

CHANT IV MISÉRICORDE _____ *49*

   i _____ 49

   ii _____ 53

   iii _____ 56

CHANT V ONCTION DES MALADES _____ *59*

i _____ 59

ii _____ 62

iii _____ 64

CHANT VI MARIAGE _____ 67

i _____ 67

ii _____ 69

iii _____ 71

CHANT VII ORDRE _____ 75

i _____ 75

ii _____ 77

iii _____ 79

ADDENDA QUELQUES POÈMES DE JEUNESSE __ 83

Prière d'un tiède _____ 83

Un miracle ! _____ 85

Supplique à la Reine des cieux _____ 86

PROLOGUE

DE L'ÉGLISE

Dans une époque où Dieu n'est qu'une panacée,

Un bien mauvais remède à tous les maux humains,

Et que la foi en Christ est souvent remplacée,

Par les vieux substituts de mauvais parchemins

Ou le triomphe athée en sa haute superbe,

Je vois un établi qui reste, vacillant,

Un ouvrage fidèle au langage du Verbe,

Un pauvret atelier d'aspect peu scintillant :

On l'appelle du nom d'Église catholique.

La divine Maison abrite des pécheurs ;

Parfois sa pierre inerte a l'air diabolique,

Comme viennent les loups pour dévorer les cœurs ;

L'Église est bien indigne alors qu'elle est élue.

Et pourtant, elle tient ; pourtant, le Christ y vit.

L'Église est une énigme aux yeux plein de berlue

De ceux qui ne croient point et pourraient à profit

Vivre ses deux mille ans d'une histoire sacrée.

Aux yeux du catholique aimant Jésus sauveur,

L'Église est ce trésor, cette perle nacrée,

Qu'il contemple souvent avec grande ferveur.

Que l'on retranche un i de ses lois, de son code,

Dit-on d'un air pédant, *tout serait plus heureux !*

Pourtant, du temps jadis de l'hébraïque exode,

Jusqu'aux jours actuels où tant se disent dieux,

Nul n'a su quoi retirer sans déformer les livres.

Le Christ ne vint pas même afin de l'abolir,

Mais plutôt pour briser le vacarme des cuivres,

Faire taire le mal qui veut tout démolir.

Voyez les saints du Ciel pris par cette espérance

Qu'au-delà du péché l'Église est le chemin,

Tenant fragilement de sa foi faible et rance –

De sa foi tout de même en cette croix carmin –,

Face au mal qui pourrit tout ce qu'il vient séduire.

Quelle force retient ce lien sacramentel

Qui nous réunit tous devant le saint autel ;

Le pêcheur a beau faire, il ne peut rien détruire :

Le Baptême reçu le marque pour toujours ;

La Sainte Eucharistie épand sa douce grâce ;

L'Esprit contagieux fait peuple d'une masse ;

Le Pardon s'offre à lui de divines amours ;

L'Onction du malade ouvre à plus de tendresse,

Le lien du Mariage habite en son foyer ;

L'Ordre invite un cœur libre à se faire envoyer.

Oui, chaque Sacrement à vivre en Dieu nous presse.

Si l'Église a tenu, ce n'est point par son droit,

Par le pouvoir humain ou par l'art d'être riche ;

Elle reste le bel œuvre édifié sans triche,

Branlant souvent, brisé jamais, mis à l'endroit,

Élevé par Jésus, fait pour des misérables :

Non, jamais le parfait n'a su devenir saint ;

Dans le cœur du Sauveur celle que d'or il ceint,

C'est plus la pauvre gent et ses airs vulnérables,

Qui pleure son péché, qui pèche sur ses pleurs !

Quel miracle ! Le Christ est venu pour moi-même,

Pauvre chrétien du monde à l'aspect de carême !

Songé-je seulement à la croix des douleurs ?

Je suis fait pour la vie, et pour vivre la joie :
Ce que je fais de bien prend part à Son saint plan,
Tout ce mal que je fais suscite son élan
À corriger ma courbe avec sa sainte voie.

L'Église est la maison de ceux qui savent bien
Qu'ils ne sont que poussière au milieu de la cendre ;
Ils vivent de Jésus plutôt que de l'attendre,
Priant pour mieux agir et garder son doux lien.

H Y M N E S

À LA SAINTE TRINITE

Beaucoup vous croient trois dieux ; or, vous êtes

[unique,

Père, Fils, Esprit Saint, Trois dans cette unité ;

Qui croirait vous connaître à vous comprendre

[abdique,

Bien loin de la grandeur est notre humanité !

Vous entrez en nos cœurs par les eaux du baptême,

Dieu en trois que j'adore et dont, hier, je fus oint ;

Vous restez en notre âme en lui disant *je t'aime*,

Unique Dieu d'amour qui ne renoncez point

À la promesse d'hier faite à ces patriarches,

Tenue avec amour sur la Croix des douleurs –

Cette sainte Alliance en cette Arche des arches

Que mil fois l'être humain tut de ses airs parleurs.

Contemplons, et encor contemplons ce mystère !

Dieu Père, Fils, Esprit, qui se donne aux siens,

Dans un acte d'amour puisqu'il est trinitaire,

Espérant de toujours couper nos mauvais liens.

À CELLE QUI NOUS CONDUIT SUR LE CHEMIN

Ô Marie, ô Maman, entendant ma prière,

Vous menâtes vers Dieu son enfant que je suis ;

Avec votre manteau vous couvrez de lumière

La pauvre humanité qui reste sans appuis,

Si vous ne l'appelez à Dieu d'une âme pure.

Le chœur de vos dévots est rempli de douceur,

Par la suavité des divins Cieux qu'assure

La prière sans fin du pauvre et du pécheur.

Il n'est pas plus puissant que l'amour salvifique
Qui rayonne de vous depuis le Cœur de Dieu ;
Non, il n'est pas plus beau que cet air magnifique
Qui résonna en vous de ce tranquille lieu.

Vous vîtes le miracle et crûtes sans un doute
Quand l'ange vint parler de l'ombre de l'Esprit ;
Oui, de votre bon cœur vous suivîtes sa route
Sans jamais en dévier par amour pour le Christ,

Ce fils de votre chair et le Sauveur du monde.
Vous vous donnâtes toute au Fils de votre sein
Et Lui fîtes de vous cette offrande féconde,
Prenant pour vous le fer de ce glaive assassin

Qui vous fis le cœur vif d'une douleur immense,
Quand vous vîtes l'enfant nous sauver de sa Croix,

Sous le regard moqueur du Pharisien rance

Qui disait que Jésus n'eut rien du Roi des rois.

AU CHASTE EPOUX DE LA REINE DES CIEUX

Doux chef de ce foyer qu'on ne remarquait point,

Dans cette Nazareth, hameau de Galilée,

Ou l'enfant que le Ciel de sa grâce avait oint,

Fut conçu par l'Esprit en la femme étoilée,

Vous restâtes cet homme humble, simple et discret,

Qui voyait du Sauveur la haute destinée.

Or, vous avez voulu en un geste secret

Répudier Marie enceinte et chagrinée ;

Par un songe, un saint ange annonça la grandeur

De l'enfant et sa Mère en votre âme bien triste.

Vous choisîtes alors d'un geste de candeur,

De rester confiant et de suivre la piste

(Pourtant, qu'elle parut pleine d'aspérités !)

Que traçait le Seigneur avec votre promise.

Les imprévus soudains des airs immérités

D'une si haute charge à votre âme transmise,

La douce pureté de votre sainte femme,

L'humble divinité de l'enfant de l'Esprit :

Vous acceptâtes tout d'un cœur que l'on acclame

Pour ce choix généreux que chante cet écrit.

CHANT I
BAPTÊME

I

Ce rendez-vous mondain où l'enfant ondoyé

Est l'objet des regards plutôt que la souffrance,

Insigne, de ce Dieu que l'on a dévoyé

En un gentil Seigneur qui n'a que tolérance

Envers cette habitude à ne point le prier,

Ce rendez-vous n'existe aux yeux de cette foule

Que comme une habitude à l'air de sucrier,

Comme un instant bonbon qui jacasse et roucoule.

On bavarde, on discute, on moque l'homme en blanc,

On ne comprend pas trop le sens de ce spectacle,

On parle fort, on rit un peu, on tire au flanc,

On n'y voit pas vraiment le permanent miracle

De la beauté du Christ qui vient sur cet enfant.

Le vieux curé, héros sans peur, il se démène,

La masse devant lui ne répond qu'en pouffant :

Nul n'a vraiment pitié de sa terrible peine,

Ce monde endimanché n'a que faire de lui,

De son timide prêche et de son saint dimanche !

Le pauvre, il aimerait bien avoir déjà fui,

Quitté cette assemblée à l'incroyance franche,

Mais il sert jusqu'au bout le Seigneur Jésus-Christ ;

Il désire être là en dépit des remarques,

Malgré la vanité de ses quelques écrits,

De ses pauvrets sermons sur les hérésiarques,

Qu'il orne bien parfois d'appels au repentir ;

Ce généreux pécheur donnerait bien sa vie,

Car il aimerait tant qu'on cessât de mentir

Et qu'on revînt à Dieu d'une sincère envie !

Hélas ! malgré l'exemple offert à cette gent,
La Messe continue avec l'accent profane :
Devant ce pauvre prêtre on est plus diligent
À se moquer de lui pour son air qui se fane.

On dit croire au *credo* auquel aucun ne croit,
Ni parents, ni parrain, ni marraine… *Cette âme*
Qui va renaître au Ciel aura-t-elle le droit
De connaître la foi pour en garder la flamme ?

Tel est le dur penser du vieux prêtre, incertain,
Quand, tout à coup, en lui vient une paix idoine :
Jésus-Christ lui redit d'un sourire enfantin
Qu'il aime cet enfant comme il aime le moine,

D'un amour infini qui dépasse l'humain.
Alors, tranquillement, son âme consolée,
Il prend le tout-petit et, par trois fois, sa main,
Douce et compatissante envers cette assemblée,

Ondoie un tout-petit pour lui donner la foi.

La Sainte Trinité entre en lui tout entière ;

Même sous les regards ignorants tout du Roi

La grâce se répand, qui n'a nulle frontière.

Non, il n'a pas vraiment vu de conversion,

Il n'a rien remarqué qui fût à tous visible ;

C'est bien là le mystère de cette aspersion :

Qui peut savoir de Dieu le plan intraduisible ?

II

En la veille de Pâque[1] où l'église est remplie

D'une foule fervente et de chants merveilleux,

S'élève vers le Ciel la louange accomplie

D'une foi généreuse à l'atour tout joyeux ;

Tout ce beau monde est là pour célébrer l'Église

_____

1. Licence poétique.

Qui grandit chaque jour avec les baptisés –

Ce soir, ils seront trois d'une âme tout éprise

À être oints d'un Christ aux airs humanisés –,

Mais sont-ils vraiment là pour recevoir la grâce ?

Il semble que le monde a envahi la nef,

Qu'il conquiert banc par banc, gagne place après place,

Que les gens ne sont là qu'à renier leur Chef,

Eux qui perdent leur temps dans l'abscons bavardage,

Plutôt que de fêter le baptême prochain.

Chaque catéchumène entend tout ce marivaudage,

Ce murmure bruyant qui juge leur chemin ;

Tous les trois sont tentés de pleurer sur leurs proches :

Ils les ont invités pour ce jour glorieux,

Ce jour où, de nouveau, tous entendront les cloches,

Mais où, pour leurs amis, ce sont des curieux,

Pour la famille, aussi, des animaux de foire…

Beaucoup ont eu ces mots de l'athéisme ingrat,

Qu'à rejoindre l'église et sa prêtraille noire,

Il ne tireront rien sauf quelque obscur contrat,

L'impression d'aimer un être imaginaire.

Et pourtant, ils sont là. Ce mot rassénérant,

Ce mot résonne en eux, ce mot les régénère,

Et la foi de leur cœur le rend persévérant.

Comme ils vont s'immerger dans le grand baptistère,

Recevoir du Sauveur cet humble sacrement,

Ils sont heureux de faire un témoignage austère,

Mais simple, et généreux, de la foi sûrement !

Les chrétiens, en grand nombre, entonnent un cantique,

Ils chantent à tue-tête un air plein de fraîcheur,

Quand, revêtus de blanc, d'un atour flegmatique

Les baptisés joyeux vont danser leur bonheur.

Ce n'avait l'air de rien, et pourtant, leur baptême,

L'onction de cette eau qui les a rendu purs,

C'était pour leurs amis une offrande suprême,

Un témoignage heureux de Lui qui les rend sûrs ;

Plutôt qu'un souvenir qui se perdrait bien vite,

C'était le tout début de leur chemin en Christ,

Sur cette belle route où le Sauveur invite,

Il est bon de marcher en corps et en esprit.

III

Autour du tout-petit la famille assemblée

Prie avec foi le Dieu d'amour cloué, là-bas ;

Cette fragile vie apparaît bien troublée,

Bientôt ce bel enfant connaîtra le trépas…

Il ne pouvait point vivre et pourtant l'espérance

A encor triomphé du mal et du Malin,

Les parents plein de foi devant cette souffrance

De voir ce tout-petit fragile dans son lin,

Sachant qu'il ne vivrait, tout au plus, que cette heure,

Ont choisi tous les deux de garder ce bébé,

De désirer l'avoir d'une âme intérieure,

De montrer que cet être à l'air frêle et nimbé

De la mort qui, bientôt, lui volera sa vie

Pour l'amener bien vite au Ciel de volupté,

Que cet enfant, eh bien, c'est une âme ravie

Qu'on lui donne ce peu : l'amour et la bonté.

Le père prend son fils et un peu d'eau bénite,

L'ondoie en prononçant les mots du sacrement ;

La mère tout émue admire sa pépite,

Ce cadeau du Seigneur qu'elle aime tendrement,

Ce tout petit trésor dont l'âme est élevée :

Le bel enfant expire une dernière fois.

Sous les yeux des savants cette image est gravée

D'une famille unie et qui fait le bon choix,

Celui de la folie appelée espérance.

Sous les regards surpris par leur si grande paix,

Ils vont clore les yeux de cette âme, en silence,

Puis disent au Seigneur : « Dans votre pré, je pais. »

Puis ils disent ces mots de leur foi simple et ferme

« Vous êtes mon berger, je ne manque de rien. »

Leur regard est si doux et si pur est leur derme

Que le médecin pleure, ému d'être chrétien :

Bientôt, c'est lui, l'athée autrefois d'âme dure,

Qui recevra la foi, le Christ et l'Esprit Saint,

Qui connaîtra son Père et son amour qui dure :

Dieu brisa de son cœur le roc dont il fut ceint.

CHANT II
EUCHARISTIE

I

Les enfants piailleurs semblent à peine voir

Le sublime mystère en cet aspect modeste

De ce pain, de ce vin, qu'ils prendront par devoir,

Pour obéir aux dits d'une mère si peu preste

À venir à l'Église en ce jour du Seigneur…

La plupart des petits ne connaissent qu'à peine

Le nom de Jésus-Christ auquel il font honneur,

Ils ne savent pas plus la pratique chrétienne,

Puisqu'ils n'ont point l'exemple au centre du foyer.

Ils vont en cette église avec l'âme étourdie,

Recevant Jésus-Christ comme on paie un loyer :

C'est comme un beau contrat ; c'est une parodie.

Le recevant ainsi pour la première fois,

Oient-ils ce pauvre prêtre avec son air sévère,

Prier pour leur belle âme avec l'atour guingois ?

Il est bien vieux, courbé, fourbu, timide, austère,

Et pourtant dans son cœur un amour merveilleux

Le prend pour ces enfants qu'il ne reverra mie[2] –

Dans le profond du cœur où son esprit joyeux

Chante pour Jésus-Christ l'hymne humble et raffermie

De qui voit bien plus loin que nos malheurs humains.

Ces jeunots ont reçu plus grand que l'homélie

Qu'il prononçait naguère avec des airs carmins ;

Désormais, sont bien loin la colère et la lie

Qu'il paraissait promettre à ces impénitents.

---

2. Ici, synonyme médiéval de « pas » et de « point ».

Il écoute son Dieu qui parle avec justice,

Il écoute Jésus prier les méritants

De ravaler l'orgueil de leur âme factice.

Qui pourrait bien savoir si, parmi ces petits,

La rencontre de Dieu n'est pas été réelle ;

Si ce sacrement n'a suscité d'appétits

Puissants et tout nouveaux pour la Vie éternelle ?

II

Je n'étais qu'un enfant qu'on regarde à l'envers,

Ce pauvre petit gars dont souvent l'on plaisante,

Mais, en ce jour d'été, plutôt que mes travers,

Je contemplais Jésus dans l'hostie apaisante,

Que j'allais recevoir sous des yeux bienveillants.

La Messe était sublime avec un doux cantique

Qui lui donnaient ces airs joyeux, gais, attrayants,

Partageaient à mes yeux de garçon romantique

Un vrai portrait de foi propre au peuple chrétien.

Comme s'approchait l'heure où la douce Présence

De Jésus viendrait mettre en mon cœur le soutien

De sa grâce promise en sa toute-puissance,

Je me croyais au Ciel entouré par les chœurs

De ses anges et ses saints proclamant ses merveilles.

Je voyais mon Jésus, oubliais mes rancœurs,

Me prenais à entendre avec mes deux oreilles

Plus grand que l'imparfait de mon regard humain.

Jésus était devant, dans cette belle hostie,

Que le prêtre tenait et posait dans ma main.

De hâte, je prenais part à l'Eucharistie,

Et mangeait de mon Dieu le Corps d'un cœur heureux.

Dans mon cœur, j'exultais d'une joie indicible ;

Je voyais en Jésus ce sauveur amoureux

Qui me rendait la paix d'une grâce invincible.

Tout cela m'a paru durer si peu de temps ;

La fête de mon cœur rendu plein du Messie,

J'étais un ouvrier au travail de ses champs,

J'acceptais son bonheur en mon âme endurcie

Par le regard de l'autre à l'atour bien pesant ;

Je me laissais surprendre en mon âme blessée

À bénir sans arrêt le Sauveur bienfaisant,

Je savais que vaincrait son âme transpercée.

III

La Messe dont le prêtre aimait la piété

A pris l'air triste et froid d'un regard mort et terne –

Des vieillards, des rebuts de la société,

Ni famille ni jeune au chant bien plus moderne – ;

Bref, la pauvre assemblée à l'atour chevrotant,

Assiste un peu naïve au permanent miracle

Du divin Sacrifice d'un esprit tremblotant,

S'incline avec respect devant le tabernacle,

Sans qu'il parût au prêtre amoureux du beau Christ

Un signe ou un prodige invitant la jeunesse

À bien se rappeler que ce vieux manuscrit,

Ce livre tout miteux qui traîne avec paresse

Dans le tiroir grincheux de leurs humbles aînés,

Ce sublime Évangile à la voix dissonante,

Est le cadeau de Dieu aux hommes enchaînés

Par l'infernal servage à l'ombre bouillonnante.

Le serviteur du Christ accomplit avec foi

Cette noble prière avec l'âme joyeuse :

Il dit d'un humble cœur les mots du divin Roi,

Consacre son offrande à la douceur soyeuse.

Surgissent dans l'église, armés et coléreux,

Deux guerriers musulmans aux cris remplis de haine ;

Ils courent à l'autel d'un pas cadavéreux

Et, d'un coup de poignard à l'ardeur inhumaine,

Frappent un premier homme en le laissant pour mort.

Le prêtre les a vu. Il est prêt au martyre.

Les deux mahométans ont la hargne du fort

Quand la Croix se présente au faible sans mot dire.

Ils empoignent un homme au cœur pauvre et si grand,

Mettent un vil couteau sous sa gorge fripée,

En lui tordant le dos d'un geste dénigrant,

Le mettent à genoux. Au cœur, ils ont l'épée.

Dans leur haine du Christ qu'ils croient être trois dieux,

Ils disent qu'un blasphème épargnerait sa vie,

Mais le prêtre se tait, louant avec les Cieux,

D'un cœur discret mais vrai, l'âme toute ravie :

Le Fils avait choisi sa grande pauvreté

Pour témoigner de Lui devant ce triste monde.

Les deux mahométans, avec grossièreté,

Crient leur terrible haine envers la Croix féconde ;

Comme ils frappent à mort le courageux vieillard,

Ils entendent sans croire un mot plein de doux zèle

Qui résonne bientôt de son esprit gaillard :

« Va-t'en, Satan, va-t'en ! » Le vieil homme, fidèle,

Expire tout heureux de partager la Croix.

Le bruit du martyre aussitôt se propage :

Un certain père Hamel mort pour le roi des Rois

Est ce témoin du Christ qui vivait sans tapage.

CHANT III
CONFIRMATION

I

La foule des enfants qui font face à l'autel,

Étrange basse-cour qui n'est là que distraite,

En recevant ce Dieu qui lui lance un appel,

Elle s'agite tant de façon indiscrète,

Qu'on juge un peu vite en son sein cette foi

Qui n'y fut qu'un décor sans âme ni prière,

Une tradition qu'on suit de bon aloi,

Sans même remarquer que la barque de Pierre

N'a jamais avancé sans que l'eau l'envahît.

Notre Église a souffert que nous la croyons sauve ;

Saurons-nous affronter ce mal qui la trahit,

Chrétiens droits qui croyons des discours de guimauve,

En oublions de voir cette réalité :

Quand abonde la faute il n'est rien que la grâce.

Face à ces confirmands l'évêque est dépité,

Se disant qu'un discours n'a pas la moindre trace

Face à l'impiété de cette gent sans Dieu ;

N'oublierait-il donc pas que dans son homélie

Les mots devrait parler de ce modeste lieu,

Là-bas… Ce lointain proche où l'âme recueillie

Aime tant contempler le Christ présent au cœur,

Paraît d'un doux regard bénir cette assemblée ;

L'évêque un peu têtu rêve d'un Dieu vainqueur

Qui réveille la foule et la tance d'emblée,

Quand hier Jésus-Christ a connu la douleur

D'être trahi, moqué, frappé, renié… La victoire

N'est point dans un sermon de certaine valeur,

Rhétorique imparfaite et superfétatoire,

C'est au pire instrument que revient cet honneur.
L'évêque prend sa feuille et se prépare à lire,
Mais ses yeux défaillants trahissent monseigneur.
Il se rappelle alors ce bienheureux sourire

De l'Esprit qui s'amuse à guider ses brebis.
Il n'embarrasse point de ce trop humain blâme
Ces pécheurs à sa porte aux airs tout étourdis ;
Il préfère le cœur, la profondeur de l'âme,

Au jugement hâtif de l'insignifiant.
Aujourd'hui, nul discours, aucune rhétorique,
Mais Dieu… Du seul Sauveur au sort édifiant,
Il s'agit de vouloir le souffle évangélique.

L'évêque parle au peuple assemblé devant lui ;
Il pense bafouiller quelque pauvrette phrase,
Quand les enfants – naguère en un profond ennui –
Sont soudain attentifs à l'Esprit qui embrase,

Qui veut se faire en eux une place de choix.

En oignant chaque front du délicat saint-chrême,

Traçant le don de Dieu en un signe de croix,

Il constate que Dieu n'est pas que le carême,

Qu'il est cette douceur d'un Amour accueilli

Dans la simplicité du regard que l'on porte ;

Il n'est pas dans le feu d'un air enorgueilli

Qui pérore un discours et se perd de la sorte.

II

Nous sommes dans l'Église, enfin, près d'accueillir

Le digne sacrement de l'Esprit de victoire ;

Nous voilà devant tous en signe d'avenir,

Jeunesse rassemblée et prête pour la gloire :

Le divin Défenseur voit la foi l'habiter.

Quand Monseigneur l'évêque en son habit de fête

Tracera sur nos fronts le signe immérité –

L'Esprit de notre cœur veut devenir la tête –,

Notre être tout entier brûlera de l'Amour.

À l'instant, Monseigneur nous promet cette grâce.

De mon âme blessée un autre fait la cour :

Un satané coquin d'aspect fauve et vorace,

Qui veut la détourner du bonheur infini.

Cet esprit de malheur murmure à mon oreille

Que la loi du Seigneur qui a toujours uni,

N'est qu'une règle injuste, une fausse merveille ;

Ce subtil tentateur prend mon esprit blessé,

Voudrait le retenir dans ses serres ignobles ;

Il prétend que Jésus m'a toujours délaissé,

Que le travail aux champs ou des divins vignobles

Ne sont qu'un esclavage au dur aspect de foi.

Me voici ! Je ne sais pas pourquoi je l'ai dite,

Cette pauvre réponse à l'appel de mon Roi ;

Ce mot du confirmand que demande le rite,

Pourtant, je l'ai bien dit d'un esprit combatif.

Comme nous avançons pour être oints du Chrême,

Un esprit diviseur veut me tenir captif ;

Il ment comme un serpent à l'illusion blême,

Qui s'étrangle à demi que je n'écoute pas

Ses sirupeux soupirs et ses sifflements fourbes ;

Non, je n'écoute rien des si mauvais coups bas

D'un mauvais séducteur aux airs méchants et bourbes.

Reçois le Saint-Esprit, le don de Dieu… Le cri

De ce Démon vaincu devient un doux silence

En mon cœur. Il n'est plus de discours pourri

Par son venin mortel et cette pestilence,

Cette odeur de la mort qui séduit les humains.

Je puis être envoyé par notre sainte Église,

Armé des sacrements et béni par les mains

Des pauvres et boiteux, et de leur âme éprise

De l'amour du Seigneur qui les a relevés.

Qui suis-je donc, sinon un ver, face à la gloire ?

Les biens de cette terre ont été tant rêvés,

Mais je les ai laissés pour une autre victoire !

III

Ce jeune homme discret prie avec foi le Christ,

De sa haute ferveur il adore Dieu le Père,

Bientôt, on viendra l'oindre avec le Saint-Esprit.

Naguère, il avait dit d'une voix de vipère

Que Christ n'avait de dieu que Allah tout-puissant,

Car alors il vivait de la foi musulmane.

Mais cet ami chrétien au regard ravissant,

À l'œil contemplatif d'où la douceur émane,

Qui lui parlait d'un Dieu plein d'un immense amour,

N'avait-il pas touché son cœur avec la grâce –

Celle-là qui vous prend jusqu'au fond pour toujours ?

Ce modeste chrétien n'avait point l'âme crasse

D'une haine sans nom pour le dieu musulman ;

Il admirait la foi – sans la déclarer vraie –,

Cette foi généreuse à l'air de talisman,

De ses dévots… C'est là que la nôtre se fraie

Un chemin délicat dans son cœur altéré :

Il comprend tout l'amour de Jésus pour son être,

Le voit comme l'ami qui l'a tant espéré,

Le Dieu qu'il attendait de pleinement connaître,

Le Dieu qui l'attendait jusqu'à mourir pour Lui.

À entendre son nom l'assemblée est surprise :

Comment ce musulman peut-il croire aujourd'hui,

Alors que dans leur cœur la croix fait fade et grise ?

Adorer ce Jésus qui vécut bien avant

Leur est comme un désert d'une triste habitude,

Dans l'assistance tiède il est du sable au vent ;

La Croix n'est qu'un objet qu'on voit sans certitude…

Et cet homme devant témoigne avec grand cœur

Que la foi vit, qu'il est chrétien, et qu'il espère

En ce Jésus qui dit être le Dieu vainqueur ;

Il tient ferme sa foi par amour de son Père.

Édifié par l'homme et son cœur généreux,

L'évêque le bénit d'un sourire de juste,

Impose le saint-chrême et voit ce bienheureux,

Ému, verser les pleurs de son désir auguste.

CHANT IV
MISÉRICORDE

I

Entré dans cette église ouverte par hasard,

L'homme tout ébahi de voir le beau spectacle

D'acteurs bien costumés… Lui, l'amoureux de l'art,

Qui pense que la foi n'est qu'un humain obstacle

Au merveilleux progrès de la saine Raison,

Il voit cette assemblée accomplir ses prières,

Se dit qu'il peut rester pour voir l'humble maison

Que l'on édifia de dieux imaginaires –

À ces amis de ceux que vivent dans la peur – ;

Il se pense invincible en face de la Messe,

Ricane en observant cette étrange vapeur

Monter, monter encor, encensant la faiblesse

De ces niais chrétiens qui vivent de leur foi.

Il les voit tous debout mais reste sur sa chaise,

Prêt à hurler bien fort que leur stupide roi

N'existe qu'à leurs yeux... Il se sent bien à l'aise,

Prépare le discours de son immense orgueil,

Apprête tous les mots qu'il veut que l'on entende,

Pèse chaque blasphème et en fait le recueil,

Veut que sa logorrhée embrouille la légende

Que l'homme en habit rouge est en train de chanter !

Alors que l'assemblée écoute son grand prêtre,

Cet homme en sa superbe est prêt à lui vanter

La sublime Science et son atout de maître.

Mais alors qu'il est prêt, soudain, il s'aperçoit

Que nul son ne parvient à sortir de sa bouche,

Que son esprit s'embrouille de l'envers à l'endroit,

Que son cœur bat très vite et que son regard louche !

Il entend cette voix qui lui dit : *Jusqu'à quand ?*
Effrayé, les deux mains qu'il met sur ses oreilles
Ne font rien qu'empêcher son atour provoquant,
Car dans son cœur, ces mots puissants, cette merveille,

Reviennent en pagaïe et lui disent la foi.
Mais lui rejette encor ce qu'il nomme *croyance,*
En un subtil mépris qu'il veut de bon aloi
Lancer vers l'assemblée avec sa malveillance.

C'est loin dans son esprit : quand il était enfant,
Hier, il fut baptisé, reçut l'eucharistie,
Puis il a refusé Dieu d'un air triomphant ;
C'est en ce jour que Dieu voulait qu'il prît l'hostie

Après avoir reçu le pardon des péchés.
Oui, le Père le veut, mais notre homme résiste :
D'un combat jacobite, il les aurait cachés,
Luttant avec vigueur contre l'air fantaisiste

Qu'il prendrait en croyant ce conte pour dévots.

Je vous aime, mon fils. Pourquoi cette colère ?

Il n'est aucune honte à devenir prévôt,

Prêtre ni baptisé, pour mieux servir le Père !

C'est alors que revint ce souvenir d'antan

De ce grand jour qu'il reçut l'hostie, et cette grâce

De librement choisir entre Christ et Satan.

Il avait fait le choix d'oublier l'air vorace

De ce vautour de prêtre et de l'abus subi ;

Avec fracas, fureur, de quitter cette église,

Blessé jusqu'en sa chair devenu un fourbi.

Le Christ avait pourtant choisi l'âme incomprise,

L'esprit concaténé par ce non-dit puissant.

C'est ainsi que, plutôt d'insulter l'homme en mitre,

Il s'effondra, fourbu des maux d'adolescent ;

Plus que de raisonner l'assemblée en chapitre,

Il ne cessa dès lors de gémir du péché.

Libre et chrétien, il resta jusqu'au bout de de la Messe,

Puis courut à l'évêque avec l'air éméché

Par l'immense douceur du vin de la promesse,

L'alcool des convertis, l'élixir baptismal.

Ses fardeaux, son épreuve et ses flots de colère,

Ses péchés – le plus gros, le mortel, le banal –,

Il les lâcha, enfin, sur la Croix de misère.

II

Je suis devant le prêtre et je ne sais que dire,

Proche d'être sauvé, pourtant bien loin de Dieu ;

Depuis bien trop longtemps je redoute son ire,

Car jamais de mon cœur Christ ne fut au milieu.

L'exécrable colère au plus noir de mon âme

Me lasse et me tourmente en un flux criminel ;

Devant mes ennemis je m'emporte et m'enflamme,

Rêve de la vengeance au lieu de l'Éternel !

Et cependant, je parle, et parle, et parle encore,

Je vide mon esprit de la mort du péché,

Je chasse de mon cœur ce Mal trop inodore,

Dont on ne sent le fiel que s'il s'est attaché

À notre âme imprudente à se croire déesse.

Hélas ! si j'avais su plus tôt l'art d'être saint,

Si j'avais remarqué cette céleste liesse

Qui célèbre avec foi chaque homme qui se ceint

De l'Amour véritable en une humble attitude,

Eussé-je sûrement reconnu en mon cœur

Le chef si généreux de notre finitude,

Dieu qui nous sauve tous sans l'air rhétoriqueur

De cet autre qui sait qu'il ne sauve personne,

Mais préfère imiter ce Bien qu'il hait si fort,

Alors qu'il n'est pas mieux qu'un cuivre qui résonne,

Dans le follet vacarme, infernal, de la mort.

Je laisse le Bon Dieu venir au fond de l'être
Écrire son histoire en oubliant l'horreur,
Et ce trouble péché qui s'était fait mon maître
S'efface à son regard comme la vaine erreur.

Face à moi, ce bon prêtre et son âme attendrie,
Par ce rien confiant, ce peu d'humilité,
Cette petite foi par l'orgueil amoindrie,
Ce beau soupçon d'amour appelé charité,

Sait qu'il ne vaut pas plus… Armé de sa faiblesse,
Il a ce grand pouvoir d'ôter le mal en moi.
Il loue avec les Cieux pour ma simple noblesse,
Regarde vers Jésus que je reconnais roi,

Et délivre mon âme en traçant le saint signe.
Il est si peu, pourtant si grand, ce bon pasteur,
Au nom de Jésus-Christ et par sa grâce insigne,
Il ramène à l'Église un bien pauvre pécheur.

Je me sais délesté du poids de ma misère,

Et pourtant le combat continue en mon cœur :

Les prochains jours, déjà, je viendrai vers ce Père,

Je reviendrai donner le fiel de ma rancœur.

III

Il est long ce moment à se tenir debout,

Pour attendre Jésus en sa miséricorde

Que le prêtre, là-bas, donnera jusqu'au bout

D'une belle soirée à l'âme de concorde ;

On demande au Seigneur le pardon et la paix,

On vient se bousculer pour recevoir la grâce ;

Cela n'a rien des tours que l'on donne au rabais :

La volonté divine est là qui vous embrasse.

Dieu vient dans cette nuit consacrée au pardon

Visiter cette foule et en guérir les âmes,

Il va dans chaque cœur expulser le chardon,

Semence de péché qui, de souffles infâmes,

Répand en nous la voix d'un autre qui nous ment,

De l'ignoble Satan qui vient rompre l'attache ;

Ce qui nous lie au Christ, c'est là le dénouement,

Cette voie amoureuse et pleine de panache,

Qui nous mène à la vie avec son air de rien.

Il attend, là, tendu. Lui, ce jeune homme, il pleure.

Il n'est peut-être plus ce qu'on nomme chrétien.

Il redoute les Cieux d'une âme intérieure,

Conscient d'être loin de l'amour de Jésus.

C'est son tour d'avancer vers l'humble petit prêtre.

Alors qu'il veut s'en aller, son cœur l'invite à plus.

Il sait qu'il a le choix entre mourir et naître.

Il tourne son visage et voit un beau vieillard,

Un regard si profond émane de cet homme ;

Il tourne alors son cœur… Il court comme un soulard,

Enivré par le Christ qui par son nom le nomme,

Animé par le vin du renouveau… Il court,

Il plonge son esprit dans le Cœur plein de joie

Pour ce fils qu'il accueille et qu'il prend, Cœur d'où

[sourd

La lumière d'un Dieu qui vous aime et vous choie.

CHANT V
ONCTION DES MALADES

I

Les fils de la lumière ont vécu les ténèbres,

D'où jaillit l'espérance alors que passe l'espoir ;

Devant le mal qui tue et les malheurs funèbres,

Jésus donne la grâce au matin comme au soir.

Le vieillard que je vois face à moi, le vieil homme,

Ce n'est qu'un grand pécheur mais plein de dignité.

Je ne vois point en lui de ses péchés la somme,

Mais avant tout le cœur où ce Dieu Trinité

A marqué de son sceau que l'on nomme baptême.

Ce prêtre face à lui, tout jeune et souriant,

Nous invite à prier, ensemble, Dieu lui-même,

Pour ce frère malade… Et nous tous, en priant,

Nous écoutons la voix qui proclame la vie,

La liberté complète et le plus grand pardon.

Ce vieil homme assis là, son âme est asservie.

Il demeure l'esclave en son cœur d'un chardon,

De quelque inavouable au regard du fidèle ;

Il est comme troublant de le voir si troublé :

Alors qu'on l'oint de l'huile un homme si modèle,

Le pécheur se révèle et d'un air dédoublé,

Il nous donne ces mots qui font sens en cette heure,

Quatre mots vite dits mais qui sont noirs, au fond,

De ce que son cœur masque, à tous, et qui demeure –

La marque d'une faute, et d'un mal plus profond.

Sur le coup, nous voyons cet ami qui nous donne

Quelque dernier conseil pour suivre le chemin ;

Nul ne se doute encor quelle fourbe personne

Est ce prêtre malade et ce que fit sa main.

Non, personne ne croit qu'il s'agit d'un mensonge,

Que sa vie est marquée avec le crime noir.

Et pourtant, l'espérance a jailli comme un songe !

Tout autant, la souffrance a surgi comme un soir !

S'il fut un criminel, demeure l'espérance ;

S'il est un peu d'espoir, reste tous ces viols :

Dieu fait droit avec courbe et fait bon du plus rance ;

Ces enfants démunis face au terrible vol

De leur tendre jeunesse ont parlé. Leur parole

A libéré les cœurs de ceux qui souffraient tant.

Et pourtant, Jésus-Christ face au mal qui vérole

A porté cette croix qui oint même un fautant.

II

Pauvre enfant qui se meurt à l'heure de la vie !

Près d'elle, sa maman éplorée, un docteur,

Son père et les cadets… De grâce elle est ravie,

Et pourtant de la Croix l'infamante douleur,

Elle la ressent fort en son corps et son âme :

Depuis près de deux ans elle affronte un grand mal,

Elle souffre au martyre et combat cette flamme

D'un horrible cancer qui la ronge, infernal.

Mais elle offre déjà son beau cœur pour nos fautes,

Garde un vaillant courage au-delà de nos mots ;

Avec ses pieds, ses bras, tous les os de ses côtes,

Gangrenés par la mort et ses atours crapauds,

Cette petite fille est pleine d'espérance !

Son témoignage marque avec sa sainteté ;

Elle prie avec foi pour ce pays de France
Qui ne croit plus en Dieu par malhonnêteté !

Les chrétiens voit en elle une sainte petite ;
Voyant quelqu'un souffrir elle souffre pour lui,
Parle dans le silence à ce Dieu qui l'habite ;
Regardant le docteur qui range dans l'étui

Son stéthoscope et dit qu'il n'est plus rien à faire,
Elle proclame que Dieu l'accueille vite et bien ;
Contemplant sa maman qui pleure son calvaire,
Elle témoigne du Christ de son calme olympien.

Habitée et en paix, telle est cette belle âme…
Un bon prêtre est venu pour donner l'onction.
La grâce est répandue et on répand la flamme
De l'enfant qui vécut la crucifixion

De son lit d'hôpital et sa petite chambre !
L'affluence d'écrits qui viennent témoigner
D'une grâce reçue à l'aspect de bel ambre,

D'un miracle divin où l'on vient désigner

Cette héroïque enfant et sa belle prière
Comme source de vie et de conversion.
Le Christ nous a donnés sa divine lumière
Et les eaux de la grâce en douce aspersion ;

Souhaitons que l'enfant et sa foi généreuse
Soient sur l'autel divin dont l'on voit s'élever
La prière éternelle, et puissante, et pieuse,
Des baptisés, partout, qui viennent achever,

Sereins, l'œuvre du Christ avec le Christ lui-même.
Nous verrons face à face un Dieu qui donne à voir
Son cœur meurtri des coups de notre péché blême…
Comme cette frêle enfant osons le recevoir.

III

Près du jeune homme, un prêtre, armé de l'huile sainte,
Qui prie, un peu perdu, devant les airs tombeaux,

Que le malade porte à cause de l'absinthe ;

L'homme est un alcoolique aux atours pas bien beaux,

Il respire son trouble et son ivrognerie.

Pourtant, il cherche Dieu, pauvre pécheur qu'il est,

A demandé le prêtre avec une âme nourrie

Par l'espoir de chasser ce péché qu'il sait laid.

Le prêtre sent l'alcool qu'exhale le malade ;

Il inspire l'odeur de l'huile qui guérit ;

Passant outre un dégoût pour ce venin bien fade,

Il accomplit le rite aidé du Saint-Esprit.

C'est un élixir doux qui se répand, bien vite,

Dans l'âme du pécheur libéré de ses poids ;

Sa délivrance vient alors que Dieu l'invite

À prier de tout cœur, à s'approcher du bois

De la croix qui porta jusqu'au bout notre faute.

Le pécheur pardonné comprends ce qu'il ne voit :

De son âme le Christ devient l'excellent hôte ;

Avec les mots du cœur il remet à l'endroit

L'âme enchaînée aux fers de cette dépendance ;

Il brise tout d'un coup, les crochets, les maillons.

Donnant sa liberté à qui fait pénitence,

Jésus fait un habit de nos pauvrets haillons,

Cette robe si pure, autrefois, pure et blanche ;

L'habit du baptisé qui devient sale et noir,

Déchiré... Rapiécé par la guérison franche,

Il retrouve l'éclat du bel astre du soir.

CHANT VI
MARIAGE

I

Ces deux vieillards sourient, face à face amoureux ;

Elle, par trop édentée, et lui, n'y voyant guère.

Soixante ans qu'ils sont là, chaque jour, bienheureux,

Ensemble, à progresser sur cette pauvre Terre,

Unis par le sacré du noble lien sponsal.

Ce sont de bons chrétiens ; plus, leur foi vivante,

Leur exemple de vie est l'œuvre colossal

De ce Dieu qui bénit la journée éprouvante,

Le matin difficile ou le soir imparfait.

La grâce agit en eux tel un onguent céleste :

Ils s'aiment un peu plus chaque jour que Dieu fait ;

Il semble que jamais leur amour ne se leste

Du poids de la douleur que l'épreuve permet.

Non, l'âge n'a pas éteint cet amour plein d'audace,

Les ans n'ont pas grevé leur montée au sommet

De l'union des cœurs qui donne d'être en face

De ce quotidien parfois bien routinier.

Ils regardent ensemble au-delà du visage

Et voient l'autre s'offrir jusqu'au moment dernier,

Ainsi qu'ils l'ont promis au Christ, ce fou si sage,

Ce Dieu dont l'humble gloire est d'avoir épousé

Les jours de l'homme pauvre au point de vouloir l'être.

Ces deux-là ne sont point le couple mort, usé,

Que notre temps bénit par son us de paraître ;

Ces deux petits vieillards ont accompli plus grand

Que les chagrins d'un âge où l'homme se renie ;

Il a fait perdurer un amour plus flagrant

Qu'un couple rapiécé d'âme bien désunie,

Servi comme modèle à l'âge de l'amour
Vu comme passe-temps et comme historiette ;
Ère où plus rien ne dure au-delà d'un seul jour,
Où l'on a remplacé le beau par l'ariette.

Et pourtant, je le crois, rester, c'est art heureux :
Au lieu que de flétrir ce que le regard touche,
Choisissons bien plus grand que l'air trop amoureux
Qui nous mène au malheur de vivre pour la couche.

II

Avoir dans chaque bouche un oui d'éternité,
Unir à la parole une vie exemplaire,
C'est bien la grâce insigne en notre humanité
Qui permet aux époux d'aller dans la galère

Ramer, pour diriger la barque de l'amour
Vers les flots agités d'une vie bien chrétienne,

Conduire l'humble esquif du don fait chaque jour,

Sans cesser de grandir et de garder sereine

La foi en Jésus-Christ qui nous a tant aimés.

Regardons ces époux qui vivent l'Évangile,

Dans ce quotidien où les fruits sont semés

Pour que Dieu les récolte en un vase d'argile,

Regardons ces époux consentir à plus grand

Que ce qu'un esprit d'homme imagine en son âme !

Mots dits par un amour qui demeure flagrant,

Et redits chaque jour pour agrandir la flamme ;

Car, des époux vivant de l'Évangile ouvert,

Les *oui* sont plus puissants que tous les mots du monde ;

Des mariés parlant d'un cœur vrai, bon, offert,

L'amour est plus certain que l'âme vagabonde

De qui change de cœur comme de pantalon.

Habités par le Christ, ils viennent à la grâce,

Leur regard à la croix qu'ils ont mise au salon,

Dans l'entrée et leur chambre, et comme le temps passe,

Elle vient dans leurs cœurs afin de les unir.

De la prime jeunesse à l'âge canonique,

Le mariage accorde un sens à l'avenir,

Signe de l'unité tendrement symphonique.

III

Dans la nuit du silence où la grâce se livre,

Deux époux sont unis par l'amour et la chair,

Heureux de contempler ce temps noblement ivre,

Ce moment généreux où l'on n'entend que l'air

De leurs corps qui sont un sur la couche soyeuse,

Que la tendre musique et son rythme puissant.

Elle sourit de joie en son cœur d'amoureuse,

Il répond par un geste à l'amour rugissant ;

Tout à l'heure, ils étaient tout devant, à l'église,

Échangeaient leurs regards et leur consentement ;

Rassemblés derrière eux pour la folle entreprise

Du oui d'éternité qui, par enchantement,

Fait d'un couple amoureux cette unité parfaite,

Un grand nombre admirait leur courage d'oser,

Car dire ce grand oui d'une âme toute quiète,

N'est qu'un début du tout qu'il leur faut composer !

C'est le premier accord d'une humble symphonie,

C'est la première page d'un merveilleux roman,

Ce sont les premiers coups d'un pinceau d'harmonie ;

Quand l'ennemi s'en mêle avec l'air caïman

De celui qui vous mord tout à coup par traîtrise,

Il leur faut cheminer d'un pas fidèle et vrai ;

Quand la tentation vient leur mettre sa prise,

Il leur faut avancer sans mettre de délai.

Y pensent-ils ce soir où leur joie est immense,

Comme ils s'unissent, là, dans ce lit tendre et doux,

Quand, sous l'humide drap, s'embrassent d'une danse

Leurs corps pleins d'un désir bon, vigoureux, jaloux ?

Ils entendent les voix de cette jouissance,
De leur façon d'aimer qui convient aux époux,
Se voient par ce bonheur qui paraît renaissance,
Se câlinent un peu, se font de longs bisous,

Se remercient enfin de ce moment de grâce,
Où naît leur mariage en un sceau décisif –
Prêts pour le bonheur qui déjà les embrasse
Parés pour le combat du désert abrasif.

CHANT VII
ORDRE

I

Il est devant la foule et s'unit à l'Église,

En ce jour où le Christ bénit ce grand appel ;

Il a fait ce choix fou de vivre sans maîtrise,

De se laisser guider sur les chemins du Ciel :

Aujourd'hui, ce jeune homme en son âme pieuse

Reçoit l'ordre divin du saint diaconat ;

L'aube du baptisé, d'allure lumineuse,

Révèle un cœur joyeux sous le doux patronat

Du Seigneur Jésus-Christ dont la Croix nous libère.

Il n'est rien, ce jeune homme à l'air simple de peu,
Mais sa fidélité rejoint le divin Père,
Sa réponse l'honore et touche le Bon Dieu ;

Seul devant les chrétiens assemblés dans l'église,
L'homme a le cœur brûlant alors que sur le sol,
Il s'allonge et embrasse une poussière grise,
S'humilie avec foi d'un geste simple et fol.

Il aurait pu pleurer devant sa solitude :
À la moisson du Christ tant d'autres ouvriers
Ont manqué cet appel de libre servitude,
Et lui se réjouit de ces discrets lauriers

Qu'il porte sur son cœur comme une douce offrande.
Le combat dans son être a l'atour de guerrier :
Il est prêt pour Jésus qui lui fait l'âme grande,
Et cet engagement lui donne de crier

Cette ineffable joie à servir le bon maître ;

Et pourtant le Démon a souvent désolé

Son cœur de ces soupirs emplis d'un faux paraître,

Combattu son appel avec l'air vérolé

De sa haine infinie envers notre humble espèce,

Mais il a tenu bon quand tant d'autres ont chu.

Aujourd'hui, c'est le jour où son chant le professe,

Il rejoint le Dieu saint et chasse le Crochu ;

Il est là, bien présent, devant l'autel céleste,

Sous les mains de l'évêque il reçoit l'onction,

Sous le regard du Christ, à l'amour il est preste,

Se lie à son Sauveur avec compassion.

II

Petit homme de rien qui recevait le Christ

Comme un ami de tous, un bon et chaste Maître,

Petit curé de peu qui vivait de l'Esprit,

Dont nul n'aurait prédit qu'il serait ce saint prêtre,

Reconnu de chacun jusqu'aux extrémités

De la Terre, il a fait de ce petit village

Le sanctuaire saint des longanimités,

Des faveurs du Bon Dieu dont il fut un message,

Un exemple vivant qui témoigne sans fin.

Il sut si bien donner ce Bon Dieu qui fait grâce ;

Quoiqu'il ne parlât pas ce noble latin,

Il était bien plus grand que la richesse crasse

Qui distribue autour son air de haut savoir ;

Quand d'autres avant lui d'une âme vaniteuse,

Usaient de traits d'esprit pour se faire bien voir,

Ce petit curé priait d'une langue boiteuse

Et pourtant bien plus vraie. Il offrit tout son cœur

Pour le prochain salut des plus pauvrettes âmes ;

Affrontant les coups bas sans la moindre rancœur –

Même quand le Grappin mit sa couchette en flammes –,

Il donna tout son temps à la confession,
Permit pour un grand nombre un repentir sincère,
Suscita de partout l'humble conversion.
Ce prêtre édifia jusqu'au bout de la terre

Par son constant amour envers Jésus le Christ :
Élevant sur l'autel pour la gloire du Père
Le Corps, le Sang divins avec un air épris,
Il chassait le Malin et son regard vipère,

Il montra jusqu'au bout la force de prier,
Mourut dans un paix rarement observée –
Le sourire à Jésus sur son cœur d'ouvrier
Semblait dire à chaque âme : « Oh ! Vous êtes sauvée ! »

III

Dans ce désert de foi un pauvre et vieux curé
Affronte à qui mieux mieux cette triste incroyance

Où se complaisent trop d'un regard assuré.

L'Église, tant la voient d'un œil de méfiance,

Pensent faire bien mieux que le Christ sur la Croix,

Que ce pauvre curé, dans un accès de doute,

Se dit qu'il ne vaut rien devant le Roi des rois,

Qu'il est faible, et indigne, et bien loin de sa route !

Il crie avec tristesse un air de désespoir :

« Il ne viendra donc point dans ma pauvrette église,

Remuer ces pécheurs qui fuient jusqu'au devoir

De vivre le Dimanche et d'aimer la prêtrise ! »

Mais le Seigneur entend et ne reste pas sourd ;

Il fait entendre un mot dans ce cœur : « Confiance ! »

Pleurant, le vieux curé dont le cœur est si lourd

N'entend pas ce mot doux et voit sa défaillance,

Agrippe une corde avec sa pauvre main.

Alors que le Démon rêve de son suicide,

Le prêtre, tout à coup, se rappelle demain,

Comprend que c'est l'Enfer et son odeur fétide

Qui ont pris sa pauvre âme et qui la feront choir
S'il accomplit ce geste et se pend à cette heure.
Il lâche cette corde et prend un vieux mouchoir,
Laisse couler sur lui la tristesse qui pleure ;

Ensuite, il prend Marie et son vieux chapelet,
Et commence à prier pour gagner l'espérance ;
Naguère, il écoutait les cris d'un roitelet
Qui voulait le mener vers l'affreuse souffrance

D'être coupé d'un Dieu qui l'aime plus que tout ;
Mais il s'est relevé d'un cœur prêt à la vie,
A choisi d'affronter cette odeur de dégout
Qui croyait que son âme était déjà ravie !

ADDENDA
QUELQUES POÈMES
DE JEUNESSE

PRIERE D'UN TIEDE

Ce soir, seul dans ma chambre, étourdi par le froid,

Je me mets à genoux et je hurle ma foi ;

Je cherche pour mon cœur les vertus les plus hautes.

« Ô mon Roi, ô mon Dieu, prends pitié de mes fautes ;

J'ai péché. J'ai péché, Seigneur, comme jamais :

Je ne peux pardonner les maux que je commets.

J'ai menti à ma mère et trahi sa confiance,

Maintenant tout son cœur s'est gorgé de méfiance ;

Puisses-tu, ô Seigneur, lui rendre son bonheur,

Mais si un jour encor je blessais mon honneur,

Montre-moi, ô mon Dieu, ta splendide clémence.

Je sais que dès demain je te ferai offense,

Car j'en ai trop besoin ; ainsi, pardonne-moi

De ne pas me soumettre à ta juste Loi.

Aujourd'hui (qu'ai-je fait, malheureux ?), de mon âme

Je n'ai puisé que haine et j'ai nommé infâme

Mon prochain. De cela, que ta douce bonté

M'accorde le pardon ; Satan est remonté

À l'assaut de mon cœur : je me sens en colère.

Elle est juste, pourtant ; elle est contre mon père.

Mais j'ai souffert, mon Dieu, le martyre, souffert

Comme on ne peut souffrir. Le bois qui m'est offert,

Ce bois que je supporte, ô mon Dieu, ce calvaire

Que tout mon corps subit, ne le laisse pas faire :

Libère-moi de lui ! — Alors, laisse ta Croix,

En voici sur le sol ; prends celle au juste poids.

— Celle-là me fait mal ! et celle-ci me tue !

Et sous cette autre-là, j'ai l'échine abattue !

Celle-ci m'irait bien… Non, elle ne va pas.

Avec cette croix-ci je ne puis faire un pas.

Celle-ci est trop large et celle-là trop grande.

Las ! Mon Dieu, moins lourd, je vous le demande.

Celle-ci fait l'affaire. Enfin ! je l'aime autant.

Je la prends ! — Tu portais cette croix à l'instant

Ou je suis apparu, et c'est la plus légère.

Maintenant, tu le vois, j'exauce ta prière. »

Quelle leçon de Dieu ! Chrétien souvent tentés

De ne plus rien souffrir, oublions la souffrance ;

Au lieu de tous ces pleurs détestons nos péchés,

C'est alors que viendra la juste délivrance.

UN MIRACLE !

Un jour, un malheureux réclamait un miracle,

Voulant voir de la viande au fond du tabernacle,

Du sang dans le calice et du feu dans son cœur.

« Seigneur, ayez pitié ! voyez ma foi, Seigneur !

Ma foi d'antan n'est plus : je vis sans un repère !

Ah ! que n'aimé-je plus la volonté du Père ?

Je crois mieux vous connaître, admirer vos éclats.

De ma triste ignorance, assez ! car j'en suis las.

Mon Dieu ! juste un miracle ! un seul ! Vous, le très Juste,

Que dans l'église enfin j'admire votre buste

En vous aimant au mieux. » Le Seigneur répondit :

« Homme de peu de foi ! tout vous semble maudit ;

La tristesse est en vous un venin redoutable ;

Ma sainte Volonté vous est impitoyable.

Vous voulez tout mon feu, mais par lui, vous mourriez !

Ai-je dit qu'avec lui c'est mieux que vous croiriez ?

Voyez les mécréants, voyez leur mécréance :

Cent fois, ils ont pu voir l'éclat de ma puissance !

Vous voudriez m'aimer ? Aimez-moi ! Je suis bon,

Et rien ne peut valoir la grandeur de mon Nom !

SUPPLIQUE A LA REINE DES CIEUX

Marie, prénom de reine aux célestes parures !

Marie… Sentir ta voix aux lumières si pures…

Ô reine de mon cœur, je t'implore à genoux !

Aide-moi ! Donne-moi ta grâce au vent si doux.

Purifie mon esprit de toute malveillance

Et guéris mes propos de toute médisance,

Que mon cœur tout entier se tourne enfin vers Dieu ;

Que le Démon pervers soit chassé de ce lieu.

Sans toi, je sois bien seul face à ses fourberies !

Marie, détourne-moi des fausses fééries,

Des mensonges rieurs et des pâles plaisirs ;

Écarte de mon cœur ces horribles désirs.

Que le seul ornement qui reste de mon âme

Soit l'Amour, bel éclat, don de Dieu, pure flamme.